ÉLÉMENTS

SYNOPTIQUES

DE GRAMMAIRE LATINE

Par Defranoux,

... LA SOCIÉTÉ D'ÉMULATION DES VOSGES
ET ANCIEN PROFESSEUR.

Prix 1 fr. 25 c.

ÉPINAL,
IMPRIMERIE DE GERARD.

M DCCC XXXII.

ÉLÉMENTS

SYNOPTIQUES

DE LA GRAMMAIRE LATINE.

ÉLÉMENTS

SYNOPTIQUES

DE

LA GRAMMAIRE LATINE,

PAR DEFRANOUX,

MEMBRE DE LA SOCIÉTÉ D'ÉMULATION DES VOSGES
ET ANCIEN PROFESSEUR.

> Qu'on commence par bien savoir la déclinaison, la conjugaison et les dix à douze règles les plus communes de la structure, et qu'avec ce léger appareil on se mette de suite à traduire Sulpice-Sévère, Nepos, etc. (*Pluche.*)

ÉPINAL,
IMPRIMERIE DE GERARD.

1832.

EXPOSÉ DE LA MÉTHODE.

Prenez un dictionnaire et cherchez le mot *toux* : vous verrez que *tussis* a l'accusatif en *im* et l'ablatif en *i*.

Cherchez *facile*, *médisant*, *petit* : vous trouverez le comparatif et le superlatif de *facilis*, *maledicus*, *parvus*.

Cherchez un substantif, un adjectif, un verbe, etc. : vous trouverez le cas où se mettent les compléments directs et indirects de ces espèces de mots.

Cherchez *craindre*, *dissuader*, *mériter*, *empêcher*, *douter*, etc. : vous verrez de quelles conjonctions, régissant tel ou tel mode, vous devez faire précéder les verbes qui suivent *timere*, *dissuadere*, etc.

Cherchez *pour*, *sans*, etc. : vous trouverez encore les nombreuses manières de rendre en latin les locutions dont ces mots font partie.

Enfin, les colonnes du dictionnaire, pour peu qu'on les parcoure attentivement, apprennent, d'une manière positive, presque toutes les règles dont les grammaires latines chargent si souvent en vain la mémoire de l'enfance, et le reste est peu embarrassant, pourvu qu'on familiarise l'élève avec les inversions et les tournures qui suppléent au silence des méthodes.

Le dictionnaire est donc un répertoire où se trouve la syntaxe de chaque grammaire, et, si jusqu'aujourd'hui nous l'avons vu souvent changer lui seul en force la faiblesse de l'étudiant, il est permis de prédire qu'en remplaçant les règles secondaires des syntaxes actuelles par les indications du dictionnaire et les explications du professeur, on opérera dans l'enseignement du latin une grande et salutaire révolution.

La méthode que nous publions accréditera cette vérité : elle simplifie d'une manière merveilleuse la théorie de la déclinaison et de la conjugaison; elle réduit à quelques règles fondamentales les longues syntaxes des rudiments actuels, et, faite de manière à présenter en germe tous les principes grammaticaux, et à ne pénétrer dans la mémoire qu'après avoir passé souvent par l'entendement, elle sera sue par cœur en moins de six mois, si le maître, rempli du zèle infatigable sans lequel le savoir ne se transmet pas, la regarde comme un cadre à remplir de détails, et habitue l'élève à découvrir lui-même, dans les faits généraux, cette foule de faits particuliers dont les grammaires les plus volumineuses ne sauraient nous apprendre qu'une faible partie.

Le savant abbé *Gley*, ancien principal du collége d'Alençon, a trouvé cette méthode parfaitement conçue, et la *Société d'Émulation* des Vosges, en émettant le desir de la voir accueillie par l'université, lui fait le seul reproche de trop bien présumer du mérite du maître, et d'offrir une syntaxe trop abrégée. Mais une chaire latine doit-elle s'ouvrir à l'ignorant, et n'est-ce pas chose précieuse qu'un livre qui contraint le maître à travailler ou à sortir de la routine? Mais ne vaut-il pas mieux que, grammaire vivante, le professeur s'habitue à développer, sans le secours d'aucun livre, la règle à déduire de chaque latinisme, et l'expérience ne prouve-t-elle pas qu'on oublie vîte la règle écrite pour se ressouvenir du seul exemple, et que faire étudier une longue grammaire par cœur est chose aussi absurde que de forcer la mémoire à retenir tous les mots d'un traité d'élégance latine?

Ainsi, la méthode que nous présentons fait trouver ailleurs que dans *Lhomond* les solutions embarrassantes; elle inspire à l'élève le goût durable d'un travail dont chaque leçon lui fait sentir l'utilité; elle abrège d'un tiers, et peut-être de moitié, la durée du cours latin, et en ne se montrant intelligible qu'à l'enfant qui connaît passablement la langue nationale, elle n'appelle au collége que des sujets éprouvés, et elle prépare tous ses élus aux études positives les plus faciles et les meilleures.

ÉLÉMENTS

SYNOPTIQUES

DE LA GRAMMAIRE LATINE.

PREMIÈRE PARTIE.

LE NOM.

Les Latins ont de plus que nous un genre qu'ils appellent *neutre*, et qu'ils regardent comme moins noble que le masculin et le féminin.

Ils suppléent à l'article qui leur manque en opérant, dans la désinence du nom, des changemens appelés *cas*; ces cas sont :

Le *Nominatif*,	Le *Génitif*,
Le *Vocatif*,	Le *Datif*,
L'*Accusatif*,	L'*Ablatif*.

Ecrire ou réciter les six cas d'un nom, c'est *décliner*.

Il y a cinq *déclinaisons* que l'on distingue par la terminaison des génitifs.

PREMIÈRE DÉCLINAISON.

	Singulier.		*Pluriel.*	
N.	Ros *a*	la rose.	Ros *æ*	les roses.
V.	Ros *a*	rose.	Ros *æ*	roses.
Ac.	Ros *am*	la rose.	Ros *as*	les roses.
G.	Ros *æ*	de la rose.	Ros *arum*	des roses.
D.	Ros *æ*	à la rose.	Ros *is*	aux roses.
Ab.	Ros *â*	de *ou* par la rose.	Ros *is*	de *ou* par les roses.

Ainsi se déclinent *agricola*, *æ*, le laboureur ; *mensa*, *æ*, la table, etc. (1).

---

(1) 1.° Les terminaisons des noms irréguliers sont : premier modèle, *e*, *e*, *en*, *es*, *æ*, *e*; second modèle, *es*, *e*, *en*, *æ*, *æ*, *e*.

2.° Les noms en *as* peuvent avoir l'accusatif singulier en *an*.

3.° Les noms féminins qui ont dans la seconde déclinaison leur correspondant masculin, prennent au datif et à l'ablatif pluriels la terminaison *abus* : *famula*, *famulabus*.

SECONDE DÉCLINAISON.

	Singulier.		Pluriel.	
N.	Popul *us*	le peuple.	Popul *i*	les peuples.
V.	Popul *e*	peuple.	Popul *i*	peuples.
Ac.	Popul *um*	le peuple.	Popul *os*	les peuples.
G.	Popul *i*	du peuple.	Popul *orum*	des peuples.
D.	Popul *o*	au peuple.	Popul *is*	aux peuples.
Ab.	Popul *o*	par le peuple.	Popul *is*	par les peuples.

Ainsi se déclinent *acervus*, *i*, le monceau; *capillus*, *i*, le cheveu, etc.

NOMS NEUTRES.

Les noms neutres ont pour les trois premiers cas du singulier la terminaison *um*, et pour ceux du pluriel la terminaison *a* : *bellum*, *bella*.

REMARQUES.

1.° Les noms qui ne sont pas terminés en *us* ont le vocatif singulier semblable au nominatif : nominatif et vocatif *puer*, *vir*.

2.° Les noms propres en *ius* rejettent l'*e* au vocatif singulier : *Virgilius*, *Virgili* (1).

TROISIÈME DÉCLINAISON.

	Singulier.		Pluriel.	
N.	Virgo	la vierge.	Virgin *es*	les vierges.
V.	Virgo	vierge.	Virgin *es*	vierges.
Ac.	Virgin *em*	la vierge.	Virgin *es*	les vierges.
G.	Virgin *is*	de la vierge.	Virgin *um*	des vierges.
D.	Virgin *i*	à la vierge.	Virgin *ibus*	aux vierges.
Ab.	Virgin *e*	par la vierge.	Virgin *ibus*	par les vierges.

Ainsi se déclinent *pater*, *patris*, le père; *labor*, *laboris*, le travail, etc.

---

(1) 1.° Les noms propres grecs ont toujours le vocatif en *u*, et souvent le génitif en *eos* et l'accusatif en *on* ou *a*.

2.° Quelques noms, qui au singulier appartiennent à tel genre, peuvent au pluriel appartenir à tel autre.

3.° Aux nominatif, vocatif, datif et ablatif pluriels, le radical de *Deus*, qui au singulier se décline comme les noms qui ne sont pas en *us*, est *di*.

4.° *Filius* et *genius* rejettent l'*e* au vocatif singulier.

NOMS NEUTRES.

Les trois premiers cas des noms neutres n'ont pas de désinence fixe au singulier; mais ils sont toujours terminés en *a* au pluriel : *corpus*, *lumen*; *corpora*, *lumina*.

REMARQUES.

1.° Les noms neutres en *e*, *al*, *ar*, ont au singulier l'ablatif en *i*, et au pluriel les trois premiers cas en *ia* et le génitif en *ium* : *cubile*, *cubili*, *cubilia*, *cubilium*.

2.° Les parissyllabes, aux nominatif et génitif singuliers, et la plupart des monosyllabes, ont le génitif pluriel en *ium* : *clades*, *nox*; *cladium*, *noctium*.

3.° Les noms de villes et de fleuves en *is*, et plusieurs, comme *securis* et *pelvis*, ont au singulier l'accusatif en *im*, et l'ablatif en *i* : *Constantinopolis*, *Constantinopolim*, *Constantinopoli*.

4.° Les noms grecs en *esis*, *isis*, *asis*, ont au singulier l'accusatif en *im* et l'ablatif en *i*, et au pluriel le génitif en *eon* : *hæresis*, *hæresim*, *hæresi*, *hæreséon* (1).

QUATRIÈME DÉCLINAISON.

	Singulier.		*Pluriel.*	
N.	Man *us*	la main.	Man *us*	les mains.
V.	Man *us*	main.	Man *us*	mains.
Ac.	Man *um*	la main.	Man *us*	les mains.
G.	Man *ûs*	de la main.	Man *uum*	des mains.
D.	Man *ui*	à la main.	Man *ibus*	aux mains.
Ab.	Man *u*	par la main.	Man *ibus*	par les mains.

Ainsi se déclinent *currus*, *ûs*, le char; *vultus*, *ûs*, le visage, etc.

---

(1) 1.° *Pelvis* et quelques autres noms peuvent avoir l'accusatif singulier en *em* ou en *im*; plusieurs de ces noms ont même l'ablatif en *e* ou en *i*.

2.° Les noms grecs en *esis*, *isis*, *asis* ont aussi au singulier le génitif en *eos*, et l'accusatif en *in*; d'autres noms grecs peuvent avoir l'accusatif en *a* au singulier, et en *as* au pluriel; plusieurs même prennent à ce cas trois terminaisons.

3.° Les noms neutres en *ma* peuvent avoir le datif et l'ablatif pluriels en *is*.

NOMS NEUTRES.

Indéclinables au singulier seulement, les noms neutres ont les trois premiers cas du pluriel en *ua* : *cornu*, *cornua* (1).

CINQUIÈME DÉCLINAISON.

	Singulier.		Pluriel.	
N.	Di *es*	le jour.	Di *es*	les jours.
V.	Di *es*	jour.	Di *es*	jours.
Ac.	Di *em*	le jour.	Di *es*	les jours.
G.	Di *ei*	du jour.	Di *erum*	des jours.
D.	Di *ei*	au jour.	Di *ebus*	aux jours.
Ab.	Di *e*	par le jour.	Di *ebus*	par les jours.

Ainsi se déclinent *res*, *rei*, la chose; *species*, *speciei*, l'apparence, etc. (2).

RÈGLES SYNTAXIQUES.

ACCORD DES NOMS.

Plusieurs noms désignant un seul et même individu se mettent au même cas : à Annibal, général, *Annibali*, *duci*; le fleuve du Rhin, *flumen Rhenum*.

COMPLÉMENT DES NOMS.

Le nom complément d'un autre nom se met au génitif : les dépouilles d'Annibal, *Annibalis spolia*.

---

(1) 1.° *Domus* peut aussi faire au singulier génitif *domi*, datif et ablatif *domo*, et au pluriel génitif *domorum*, accusatif *domos*.

2.° *Jesus* fait *Jesu* au vocatif, au génitif, au datif et à l'ablatif.

3.° *Arcus*, *artus*, *lacus*, *tribus*, *portus*, *quercus*, *specus*, *partus*, *veru*, *acus et ficus* ont le datif et l'ablatif pluriels en *ubus*.

(2) Il y a des noms composés tels que *jusjurandum*, *pater familiâs*, etc. Si le nom est composé de deux noms au nominatif, chacun de ces noms se décline dans tous les cas; mais s'il est composé d'un nominatif et d'un autre cas, on ne décline que le nom qui est au nominatif.

L'ADJECTIF.

ADJECTIFS DES DEUX PREMIÈRES DÉCLINAISONS.

Les adjectifs des deux premières déclinaisons se déclinent au masculin, les uns comme *populus* et les autres comme *puer*, au féminin comme *rosa*, et au neutre comme *bellum* : *doctus*, *a*, *um*, docte; *liber*, *libera*, *liberum*, libre.

ADJECTIFS DE LA TROISIÈME DÉCLINAISON.

Les adjectifs de la troisième déclinaison se déclinent au masculin et au féminin comme les parissyllabes, à l'exception que leur ablatif singulier est en *i*, et au neutre comme les noms en *e*, *al*, *ar* : premier modèle *atrox*, m. f. et n., atroce; second modèle *fortis*, m. et f., *forte*, n., brave; troisième modèle *celeber*, m., *celebris*, f., *celebre*, n., célèbre (1).

RÈGLES SYNTAXIQUES.

ACCORD DE L'ADJECTIF AVEC LE NOM.

L'adjectif se met au genre, au nombre et au cas du nom qu'il modifie : les maîtres complaisans, *blandi doctores*.

COMPLÉMENT DES ADJECTIFS.

Les adjectifs régissent différens cas que le dictionnaire ou l'usage apprendra : content de son sort, *contentus suâ sorte*; avide de louanges, *avidus laudum*.

(1) Les deux premiers modèles d'adjectifs peuvent avoir l'ablatif en *e*.

DEGRÉS DE SIGNIFICATION.

Pour former	ajoutez, au cas du positif terminé en *i*,		
le comparatif.....	*or*, masc.	*or*, fém.	*us*, neutre.
le superlatif......	*ssimus*,	*ssima*,	*ssimum*,
Positif. Docti			(datif s. m.)
Comparatif. Docti	*or*,	docti *or*,	docti *us*.
Superlatif. Docti	*ssimus*,	docti *ssima*,	docti *ssimum*.

REMARQUES.

1.° Les adjectifs en *er* forment leur superlatif en ajoutant, *rimus* au nominatif masculin : *pulcher*, *pulcherrimus*.

2.° Les adjectifs en *dicus*, *ficus*, *volus*, changent *us* en *entior* pour le comparatif, et en *entissimus* pour le superlatif: *maledicus*, *maledicentior*, *maledicentissimus*.

3.° Les adjectifs qui ont une voyelle avant *us* prennent, avant leur positif, *magis* pour le comparatif, et *maximè* pour le superlatif : *pius*, *magis pius*, *maximè pius*.

4.° Les comparatifs se déclinent pour le masculin et le féminin comme *virgo*, et pour le neutre comme *corpus*(1).

PREMIER ADJECTIF NUMÉRAL.				SECOND ADJECTIF NUMÉRAL.		
N.	Un *us*,	un *a*,	un *um*, un.	Du *o*,	du *æ*,	du *o*, deux.
Ac.	Un *um*,	un *am*,	un *um*.	Du *o*,	du *as*,	du *o*.
G.	Un *ius*,	un *ius*,	un *ius*.	Du *orum*,	du *arum*,	du *orum*.
D.	Un *i*,	un *i*,	un *i*.	Du *obus*,	du *abus*,	du *obus*.
Ab.	Un *o*,	un *á*,	un *o* (2).	Du *obus*,	du *abus*,	du *obus*.

Ainsi se déclinent :

Totus, *tota*, *totum*, tout; *Ambo*, *ambæ*, *ambo*, les
Solus, *sola*, *solum*. seul. deux, tous deux (3).

---

(1) 1.° Quelques adjectifs en *lis* forment leur superlatif en changeant *is* en *limus* : *facilis*, *facillimus*.

2.° Le comparatif et le superlatif de *bonus*, *malus*, *magnus* et *parvus*, sont irréguliers; les voici : *melior*, *optimus*; *pejor*, *pessimus*; *major*, *maximus*; *minor*, *minimus*.

(2) 1.° Le pluriel des adjectifs et des pronoms de ce modèle se décline comme celui de *doctus*.

2.° Se déclinent aussi sur ce modèle les pronoms adjectifs *Alter*, *altera*, *alterum*, génitif *alterius*, l'un, l'autre; *uter*, *utra*, *utrum*, lequel des deux; *neuter*, *neutra*, *neutrum*, ni l'un ni l'autre; *uterque*, *utraque*, *utrumque*, l'un et l'autre; *alteruter*, *alterutra*, *alterutrum*, l'un ou l'autre, et *alius*, *alia*, *aliud*, autre, qui fait au singulier, accusatif *alium*, *aliam*, *aliud*, génitif *alius*, datif *alii*, ablatif *alio*, *aliâ*, *alio*, et au pluriel, *alii*, *aliæ*, *alia*, etc.

(3) *Duo* et *ambo* font aussi à l'accusatif masculin *duos*, *ambos*.

TROISIÈME ADJECTIF NUMÉRAL.

Le troisième adjectif numéral *tres*, *tres*, *tria*, trois, se décline comme le pluriel des adjectifs de la troisième déclinaison; les autres adjectifs numéraux sont indéclinables jusqu'à *cent*.

PREMIER ADJECTIF INDICATIF. SECOND ADJECTIF INDICATIF.

	PREMIER ADJECTIF INDICATIF.				SECOND ADJECTIF INDICATIF.		
N.	H *ic*,	h *æc*,	h *oc*,	ce, cette.	*Is*,	e *a*,	*id*, ce, etc.
Ac.	H *unc*,	h *anc*,	h *oc*.		E *um*,	e *am*,	*id*.
G.	H *ujus*,	h *ujus*,	h *ujus*.		E *jus*,	e *jus*,	e *jus*.
D.	H *uic*,	h *uic*,	h *uic*.		E *i*,	e *i*,	e *i*.
Ab.	H *oc*,	h *âc*,	h *oc*.		E *o*,	e *â*,	e *o*.

Le pluriel de ces adjectifs, dont le nominatif est *hi*, *hæ*, *hæc* pour le premier, et *ei*, *eæ*, *ea* pour le second, se décline comme le pluriel de *doctus* (1).

Il y a quatre autres adjectifs indicatifs,

1.° *Idem*, *eadem*, *idem*, le même, dont le nominatif pluriel masculin est toujours *iidem*, et qui suit pour les autres cas le modèle *is*.

2.° *Ipse*, *ipsa*, *ipsum*, signifiant moi-même, toi-même, lui-même, etc., et suivant le modèle *unus*.

3.° *Ille*, *illa*, *illud*} ayant la même signification que
4.° *Iste*, *ista*, *istud*} *hic* et *is*, et suivant le modèle *unus*.

DIFFÉRENTES SIGNIFICATIONS DES ADJECTIFS INDICATIFS *HIC*, *IS*, *ILLE*, ET *ISTE*.

Les adjectifs *hic*, *is*, *ille* et *iste* signifient non-seulement *ce*, *cette*, *cette chose*, mais encore *il*, *elle*, *lui*; *le*, *la*, *le*; *y*; *en*; *celui*, *celle*, *ce*; *celui-ci*, *celle-ci*, *ceci*, *cette chose-ci*; *celui-là*, *celle-là*, *cela*, *cette chose-là* : mais on désigne plus particulièrement les objets les plus rapprochés, par *hic*, les plus éloignés par *ille*, et ceux pour lesquels on éprouve de l'aversion, par *iste*.

---

(1) *Is* peut faire au pluriel, nominatif masculin *ii*, datif et ablatif *iis*.

ADJECTIFS POSSESSIFS.

Les adjectifs possessifs se déclinent comme *doctus* ou *liber* : *cujus*, *a*, *um*, à qui; *noster*, *nostra*, *nostrum*, notre *ou* le nôtre (1).

ADJECTIF CONJONCTIF.

N.	Qu *i*,	qu *æ*,	qu *od*,	qui, le-	Qu *i*,	qu *æ*,	qu *æ*,	qui, les-
Ac.	Qu *em*,	qu *am*,	qu *od*.	quel.	Qu *os*,	qu *as*,	qu *æ*.	quels.
G.	Cu *jus*,	cu *jus*,	cu *jus*.		Qu *orum*,	qu *arum*,	qu *orum*.	
D.	Cu *i*,	cu *i*,	cu *i*.		Qu *ibus*,	qu *ibus*,	qu *ibus*.	
Ab.	Qu *o*,	qu *â*,	qu *o*.		Qu *ibus*,	qu *ibus*,	qu *ibus* (2).	

ADJECTIFS INDÉFINIS ET ADJECTIFS INTERROGATIFS.

Quidam, *quædam*, *quoddam*, un certain, etc., suivant le modèle *qui*, *quæ*, *quod*, et *quis*, *quæ*, *quid* ou *quod*, qui? suivant avec ses composés le même modèle (3).

LE PRONOM.

PRONOM

	DE LA 1.re PERSONNE.		DE LA 2.e PERSONNE.		RÉFLÉCHI de la 3.e pers.e
N.V.	*Ego*, je, moi.	*Nos*, nous.	*Tu*, tu, toi.	*Vos*, vous.	
Ac.	*Me*,	*Nos*.	*Te*,	*Vos*.	*Se*, se, soi, lui-
G.	*Mei*,	*Nostrûm*.	*Tui*,	*Vestrûm*.	*Sui*. même.
D.	*Mihi*,	*Nobis*.	*Tibi*,	*Vobis*. (4)	*Sibi*.
Ab.	*Me*,	*Nobis*.	*Te*,	*Vobis*.	*Se*.

(1) Le vocatif singulier masculin du possessif *meus* est *mi*.

(2) 1.° *Qui*, *quæ*, *quod* peut faire, au datif et à l'ablatif pluriels, *queis*.

2.° De nombreux exercices familiariseront l'élève avec l'emploi de *qui*, *quæ*, *quod*, regardé comme sujet ou comme complément.

(3) 1.° *Aliquis*, quelqu'un, employé avec un nom de choses qui se comptent, fait au pluriel *aliquot* indéclinable.

2.° *Quisquis*, quiconque, se décline ainsi : nominatif, génitif, datif et ablatif singuliers *quisquis*, *quidquid*; *cujuscujus*; *cuicui*; *quoquo*; accusatif et ablatif pluriels *quosquos*, *quibusquibus*.

3.° Les interrogatifs non employés avec un nom changent, au nominatif et à l'accusatif singuliers, *quod* en *quid*.

4.° Nous avons déjà vu et nous verrons souvent que les adjectifs non qualificatifs font l'office de pronoms : *noster*, notre *ou* le nôtre.

(4) Avec un nom ou un verbe non partitif, les deux dernières lettres de *nostrûm* et de *vestrûm* se changent en *i*.

LE VERBE ET LE PARTICIPE.

Le verbe *aimer* conjugué comme il suit, expliqué à l'élève et étudié par lui pendant plusieurs jours, apprendra d'une manière bien positive en quoi le verbe latin diffère du nôtre.

VOIX, MODES ET TEMPS DU LATIN.			VOIX, MODES ET TEMPS DU FRANÇAIS.
VOIX ACTIVE.	INDICATIF	*Présent.*	J'aime.
		Imparfait.	J'aimais.
		Prétérit.	J'ai aimé, j'aimai, j'eus aimé.
		Plusque-parfait.	J'avais aimé.
		Futur.	J'aimerai.
		Futur absolu.	J'aurai aimé.
	IMPÉRATIF.		Aime.
	SUBJONCTIF	*Présent.*	Que j'aime.
		Imparfait.	Que j'aimasse, j'aimerais.
		Prétérit.	Que j'aie aimé.
		Plusque-parfait.	Que j'eusse aimé, j'aurais aimé, j'eusse aimé.
	INFINITIF	*Présent.*	Aimer.
		Prétérit.	Avoir aimé.
		Futur.	Devoir aimer.
		Futur absolu.	Avoir dû aimer.
		Participe prés.[1]	Aimant.
		Participe futur.	Devant aimer.
		Supin.	A aimer, aimer.
		Gérondif en di.	D'aimer.
		Gérondif en do.	En aimant.
		Gérondif en dum.	A *ou* pour aimer.

		VOIX, MODES ET TEMPS DU LATIN.	VOIX, MODES ET TEMPS DU FRANÇAIS.
VOIX PASSIVE.	INDICATIF	*Présent.*	Je suis aimé.
		Imparfait.	J'étais aimé.
		Prétérit.	J'ai été aimé, je fus aimé, j'eus été aimé.
		Plusque-parfait.	J'avais été aimé.
		Futur.	Je serai aimé.
		Futur absolu.	J'aurai été aimé.
	IMPÉRATIF.		Sois aimé.
	SUBJONCTIF	*Présent.*	Que je sois aimé.
		Imparfait.	Que je fusse aimé, je serais aimé.
		Prétérit.	Que j'aie été aimé.
		Plusque-parfait.	Que j'eusse été aimé, j'aurais été aimé, j'eusse été aimé.
	INDICATIF	*Présent.*	Être aimé.
		Prétérit.	Avoir été aimé.
		Futur.	Devoir être aimé.
		Futur absolu.	Avoir dû être aimé.
		Participe passé.	Aimé, ayant été aimé.
		Participe futur.	Devant être aimé.
		Supin.	A être aimé.

VERBE SUBSTANTIF *ESSE*, ÊTRE.

	SINGULIER.			PLURIEL.		
	1.re pers.e	2.e pers.e	3.e pers.e	1.re pers.e	2.e pers.e	3.e pers.e
			INDICATIF.			
Présent.	Sum,	es,	est,	sumus,	estis,	sunt.
Imparfait.	Eram,	eras,	erat,	eramus,	eratis,	erant.
Prétérit.	Fui,	fuisti,	fuit,	fuimus,	fuistis,	fuerunt(1).
Plusque-p.	Fueram,	fueras,	fuerat,	fueramus,	fueratis,	fuerant.
Futur.	Ero,	eris,	erit,	erimus,	eritis,	erunt.
Futur abs.	Fuero,	fueris,	fuerit,	fuerimus,	fueritis,	fuerint.
			IMPÉRATIF.			
		esto(2),	esto,	simus,	estote(3),	sunto.

(1) Dans toutes les conjugaisons, les finales *erunt* peuvent se changer en *ére*.

(2) Ici et dans les conjugaisons actives, retranchez les deux lettres finales du présent de l'infinitif, vous obtiendrez une autre forme d'impératif.

(3) Ici et dans les conjugaisons actives, la syllabe *to* peut se retrancher.

SUBJONCTIF.

Présent.	Sim,	sis,	sit,	simus,	sitis,	sint.
Imparfait.	Essem,	esses,	esset(1),	essemus,	essetis,	essent.
Prétérit.	Fuerim,	fueris,	fuerit,	fuerimus,	fueritis,	fuerint.
Plusque-p.	Fuissem,	fuisses,	fuisset,	fuissemus,	fuissetis,	fuissent.

INFINITIF.

Présent.			esse.	
Prétérit.			fuisse.	
Futur.	futurum,	futuram,	futurum	esse (2).
Futur abs.	futurum,	futuram,	futurum	fuisse.
Partic. f.	futurus,	futura,	futurum.	

Ainsi se conjuguent *adesse*, être présent, *abesse*, être absent, etc. (3).

RÈGLES SYNTAXIQUES.

ACCORD DU VERBE AVEC LE SUJET.

Le verbe se met au même nombre et à la même personne que son sujet : *Dieu est*, *Deus est.*

ACCORD DE L'ATTRIBUT AVEC LE SUJET.

L'adjectif ou le nom qui suit un verbe se met au même nombre et au même cas que le nom ou pronom qui précède ce verbe, et auquel il se rapporte : *Dieu est saint*, *Deus est sanctus*; *il est poëte*, *ille est poeta* (4).

COMPLÉMENT DES VERBES NON ACTIFS.

Le complément des verbes qui ne sont ni actifs ni passifs se met à différens cas que le dictionnaire ou l'usage apprendra : *il était présent* à ce spectacle, *aderat* spectaculo; *il est éloigné* du marché, *abest* à foro (5).

---

(1) On dit aussi *forem*, *fores*, *foret.*

(2) On dit aussi *fore* indéclinable.

(3) *Prodesse*, servir, offre une irrégularité; il perd le *d* qui suit *pro* partout où *esse* commence par une consonne.

(4) L'adjectif ou le nom qui suit un verbe se met à l'accusatif, si le nom ou pronom qui précède ce verbe et auquel il se rapporte se trouve au génitif : *il appartient à un jeune homme d'être laborieux*, *est adolescentis esse impigrum.*

(5) Quand on saura parfaitement la théorie de la conjugaison, de nombreux exercices familiariseront l'élève avec le complément de toutes les espèces de verbes.

FORMATION DES TEMPS DES VERBES ACTIFS.

ON FORME DU				1.re conjugaison.	2.e conjugaison.	3.e conjugaison.	4.e conjugaison.
Présent de l'indic.	l'imparfait de l'indicatif,	en changeant *o*, *eo*, *io* en		*abam.*	*ebam.*	*ebam.*	*iebam.*
	le futur,			*abo.*	*ebo.*	*am.*	*iam.*
	l'impératif (1),			*ato.*	*eto.*	*ito.*	*ito.*
	le présent du subjonctif,			*em.*	*eam.*	*am.*	*iam.*
	le participe présent,			*ans.*	*ens.*	*ens.*	*iens.*
	les gérondifs,			*andi.*	*endi.*	*endi.*	*iendi.*
Prétérit de l'indic.	le plusque-parf. de l'ind.,	en changeant *i* en		*eram.*			
	le futur absolu,			*ero.*			
	le prétérit du subjonctif,			*erim.*			
	le plusque-parf. du subj.,			*issem.*			
	le prétérit de l'infinitif,			*isse.*			
Présent de l'infinit.	l'imparfait du subjonctif,	en changeant *e* en		*em.*			
Supin.	le futur de l'infinitif,	en changeant *um* en		*urum, uram, urum.*			
	le futur absolu de l'infin.,			*urum, uram, urum.*			
	le participe futur,			*urus, ura, urum.*			

(1) Les verbes *dicere*, *ducere*, *facere* font à l'impératif *dic*, *duc*, *fac*.

PREMIÈRE CONJUGAISON ACTIVE, *AMARE*, AIMER.

INDICATIF.

Présent.	Am	*o,*	*as,*	*at,*	*amus,*	*atis,*	*ant.*
Imparfait.	Am	*abam,*	*abas,*	*abat,*	*abamus,*	*abatis,*	*abant.*
Prétérit.	Amav	*i,*	*isti,*	*it,*	*imus,*	*istis,*	*erunt*(1).
Plusque-parf.	Amav	*eram,*	*eras,*	*erat,*	*eramus,*	*eratis,*	*erant.*
Futur.	Am	*abo,*	*abis,*	*abit,*	*abimus,*	*abitis,*	*abunt.*
Futur absolu.	Amav	*ero,*	*eris,*	*erit,*	*erimus,*	*eritis,*	*erint.*

IMPÉRATIF.

Am	*ato,*	*ato,*	*emus,*	*atote,*	*anto.*

SUBJONCTIF.

Présent.	Am	*em,*	*es,*	*et,*	*emus,*	*etis,*	*ent.*
Imparfait.	Amar	*em,*	*es,*	*et,*	*emus,*	*etis,*	*ent.*
Prétérit.	Amav	*erim,*	*eris,*	*erit,*	*erimus,*	*eritis,*	*erint.*
Plusque-parf.	Amav	*issem,*	*isses,*	*isset,*	*issemus,*	*issetis,*	*issent.*

INFINITIF.

Présent.	Amar		*e.*		
Prétérit.	Amav		*isse.*		
Futur.	Amat	*urum,*	*uram,*	*urum*	*esse.*
Futur absolu.	Amat	*urum,*	*uram,*	*urum*	*fuisse.*
Participe prés.	Am		*ans,*	*antis*(2).	
Participe fut.	Amat	*urus,*	*ura,*	*urum.*	
Supin.	Amat		*um.*		
Gérondifs.	Am	*andi,*	*ando,*	*andum.*	

Ainsi se conjuguent *laudo*, *laudavi*, *laudatum*, *laudare*, louer; *do*, *dedi*, *datum*, *dare*, donner, etc.

SECONDE CONJUGAISON ACTIVE, *IMPLERE*, EMPLIR.

INDICATIF.

Présent.	Impl	*eo,*	*es,*	*et,*	*emus,*	*etis,*	*ent.*
Imparfait.	Impl	*ebam,*	*ebas,*	*ebat,*	*ebamus,*	*ebatis,*	*ebant.*
Prétérit.	Implev	*i,*	*isti,*	*it,*	*imus,*	*istis,*	*erunt.*
Plusque-parf.	Implev	*eram,*	*eras,*	*erat,*	*eramus,*	*eratis,*	*erant.*
Futur.	Impl	*ebo,*	*ebis,*	*ebit,*	*ebimus,*	*ebitis,*	*ebunt.*
Futur absolu.	Implev	*ero,*	*eris,*	*erit,*	*erimus,*	*eritis,*	*erint.*

IMPÉRATIF.

Impl	*eto,*	*eto,*	*eamus,*	*etote,*	*ento.*

---

(1) Le retranchement de lettres qui a souvent lieu dans les prétérits et dans les temps qui en sont formés, s'appelle *syncope* : c'est ainsi que l'on dit *amârunt* pour *amaverunt*.

(2) Les participes présens se déclinent comme l'adjectif *atrox*, à l'exception que leur ablatif singulier est toujours en *e*.

SUBJONCTIF.

Présent.	Impl	*eam,*	*eas,*	*eat,*	*eamus,*	*eatis,*	*eant.*
Imparfait.	Impler	*em,*	*es,*	*et,*	*emus,*	*etis,*	*ent.*
Prétérit.	Implev	*erim,*	*eris,*	*erit,*	*erimus,*	*eritis,*	*erint.*
Plusque-parf.	Implev	*issem,*	*isses,*	*isset,*	*issemus,*	*issetis,*	*issent.*

INFINITIF.

Présent.	Impler		*e.*		
Prétérit.	Implev		*isse.*		
Futur.	Implet	*urum,*	*uram,*	*urum*	*esse.*
Futur absolu.	Implet	*urum,*	*uram,*	*urum*	*fuisse.*
Participe prés.	Impl		*ens,*	*entis.*	
Participe futur	Implet	*urus,*	*ura,*	*urum.*	
Supin.	Implet		*um.*		
Gérondifs.	Impl	*endi,*	*endo,*	*endum.*	

Ainsi se conjuguent *leo*, *levi*, *letum*, *lere*, frotter; *deleo*, *delevi*, *deletum*, *delere*, détruire, etc.

TROISIÈME CONJUGAISON ACTIVE, *LEGERE*, LIRE.

INDICATIF.

Présent.	Leg	*o,*	*is,*	*it,*	*imus,*	*itis,*	*unt.*
Imparfait.	Leg	*ebam,*	*ebas,*	*ebat,*	*ebamus,*	*ebatis,*	*ebant.*
Prétérit.	Leg	*i,*	*isti,*	*it,*	*imus,*	*istis,*	*erunt.*
Plusque-parfait	Leg	*eram,*	*eras,*	*erat,*	*eramus,*	*eratis,*	*erant.*
Futur.	Leg	*am,*	*es,*	*et,*	*emus,*	*etis,*	*ent.*
Futur absolu.	Leg	*ero,*	*eris,*	*erit,*	*erimus,*	*eritis,*	*erint.*

IMPÉRATIF.

Leg	*ito,*	*ito,*	*amus,*	*itote,*	*unto.*

SUBJONCTIF.

Présent.	Leg	*am,*	*as,*	*at,*	*amus,*	*atis,*	*ant.*
Imparfait.	Leger	*em,*	*es,*	*et,*	*emus,*	*etis,*	*ent.*
Prétérit.	Leg	*erim,*	*eris,*	*erit,*	*erimus,*	*eritis,*	*erint.*
Plusque-parfait	Leg	*issem,*	*isses,*	*isset,*	*issemus,*	*issetis,*	*issent.*

INFINITIF.

Présent.	Leger		*e.*		
Prétérit.	Leg		*isse.*		
Futur.	Lect	*urum,*	*uram,*	*urum*	*esse.*
Futur absolu.	Lect	*urum,*	*uram,*	*urum*	*fuisse.*
Participe prés.	Leg		*ens,*	*entis.*	
Participe futur.	Lect	*urus,*	*ura,*	*urum.*	
Supin.	Lect		*um.*		
Gérondifs.	Leg	*endi,*	*endo,*	*endum.*	

Ainsi se conjuguent *scribo*, *scripsi*, *scriptum*, *scribere*, écrire; *perdo*, *perdidi*, *perditum*, *perdere*, perdre, etc. (1).

QUATRIÈME CONJUGAISON ACTIVE, *AUDIRE*, ÉCOUTER.

INDICATIF.

Présent.	Aud	*io,*	*is,*	*it,*	*imus,*	*itis,*	*iunt.*
Imparfait.	Aud	*iebam,*	*iebas,*	*iebat,*	*iebamus,*	*iebatis,*	*iebant.*
Prétérit.	Audiv	*i,*	*isti,*	*it,*	*imus,*	*istis,*	*erunt.*
Plusque-parf.	Audiv	*eram,*	*eras,*	*erat,*	*eramus,*	*eratis,*	*erant.*
Futur.	Aud	*iam,*	*ies,*	*iet,*	*iemus,*	*ietis,*	*ient.*
Futur absolu.	Audiv	*ero,*	*eris,*	*erit,*	*erimus,*	*eritis,*	*erint.*

IMPÉRATIF.

	Aud		*ito,*	*ito,*	*iamus,*	*itote,*	*iunto.*

SUBJONCTIF.

Présent.	Aud	*iam,*	*ias,*	*iat,*	*iamus,*	*iatis,*	*iant.*
Imparfait.	Audir	*em,*	*es,*	*et,*	*emus,*	*etis,*	*ent.*
Prétérit.	Audiv	*erim,*	*eris,*	*erit,*	*erimus,*	*eritis,*	*erint.*
Plusque-parf.	Audiv	*issem,*	*isses,*	*isset,*	*issemus,*	*issetis,*	*issent.*

INFINITIF.

Présent.	Audir		*e.*		
Prétérit.	Audiv		*isse.*		
Futur.	Audit	*urum,*	*uram,*	*urum*	*esse.*
Futur absolu.	Audit	*urum,*	*uram,*	*urum*	*fuisse.*
Participe prés.	Aud		*iens,*	*ientis.*	
Participe futur	Audit	*urus,*	*ura,*	*urum.*	
Supin.	Audit		*um.*		
Gérondifs.	Aud	*iendi,*	*iendo,*	*iendum.*	

Ainsi se conjuguent *lenio*, *lenivi*, *lenitum*, *lenire*, adoucir; *munio*, *munivi*, *munitum*, *munire*, fortifier, etc.

RÈGLE SYNTAXIQUE.

COMPLÉMENT DIRECT DES VERBES ACTIFS.

Le complément direct des verbes actifs se met à l'accusatif : *il rejette* les termes ampoulés, *projicit* ampullas.

---

(1) 1.° Quelques verbes comme *capio*, *cepi*, *captum*, *capere* et *accipio*, *accepi*, *acceptum*, *accipere*, bien que terminés en *ere* au présent de l'infinitif, suivent pour la forme, mais non pour la quantité, le modèle *audire*, au présent de l'indicatif, aux temps formés de ce mode et aux personnes plurielles de l'impératif.

2.° Le verbe *fero*, *tuli*, *latum*, *ferre*, porter, fait aux deux dernières personnes singulières du présent de l'indicatif et de l'impératif *fers*, *fert*; *fer* ou *ferto*, *ferto*.

PREMIÈRE CONJUGAISON PASSIVE, *AMARI*, ÊTRE AIMÉ.

INDICATIF.

Présent.	Am	*or,*	*aris*(1),	*atur,*	*amur,*	*amini,*	*antur.*
Imparfait.	Am	*abar,*	*abaris,*	*abatur,*	*abamur,*	*abamini,*	*abantur.*
Prétérit.	Amat		*us,*	*a,*	*um*	*sum.*	
Plusque-p.	Amat		*us,*	*a,*	*um*	*eram.*	
Futur.	Am	*abor,*	*aberis,*	*abitur,*	*abimur,*	*abimini,*	*abuntur.*
Futur ant.	Amat		*us,*	*a,*	*um*	*ero.*	

IMPÉRATIF.

	Am	*ator*(2),	*ator,*	*emur,*	*amini,*	*antor.*

SUBJONCTIF.

Présent.	Am	*er,*	*eris,*	*etur,*	*emur,*	*emini,*	*entur.*
Imparfait.	Amar	*er,*	*eris,*	*etur,*	*emur,*	*emini,*	*entur.*
Prétérit.	Amat		*us,*	*a,*	*um*	*sim.*	
Plusque-p.	Amat		*us,*	*a,*	*um*	*essem.*	

INFINITIF.

Présent.	Amar		*i.*		
Prétérit.	Amat	*um,*	*am,*	*um*	*esse* (3).
Futur.	Am	*andum,*	*andam,*	*andum*	*esse.*
Futur abs.	Am	*andum,*	*andam,*	*andum*	*fuisse.*
Partic. pr.	Amat	*us,*	*a,*	*um.*	
Partic. f.	Am	*andus,*	*anda,*	*andum.*	
Supin.	Amat		*u.*		

SECONDE CONJUGAISON PASSIVE, *IMPLERI*, ÊTRE EMPLI.

INDICATIF.

Présent.	Impl	*eor,*	*eris,*	*etur,*	*emur,*	*emini,*	*entur.*
Imparfait.	Impl	*ebar,*	*ebaris,*	*ebatur,*	*ebamur,*	*ebamini,*	*ebantur.*
Prétérit.	Implet		*us,*	*a,*	*um*	*sum.*	
Plusque-p.	Implet		*us,*	*a,*	*um*	*eram.*	
Futur.	Impl	*ebor,*	*eberis,*	*ebitur,*	*ebimur,*	*ebimini,*	*ebuntur.*
Futur abs.	Implet		*us,*	*a,*	*um*	*ero.*	

IMPÉRATIF.

	Impl	*etor,*	*etor,*	*eamur,*	*emini,*	*entor.*

---

(1) Les lettres finales *is* de tous les temps simples peuvent se changer en *e*.

(2) L'infinitif présent de l'actif peut s'employer comme seconde personne singulière de l'impératif passif.

(3) 1.° En ajoutant *iri* au supin actif, on obtient une seconde forme de prétérit de l'infinitif.

2.° Aux temps composés de l'indicatif et du subjonctif, et au prétérit de l'infinitif, *sum, eram, ero, sim, essem, esse* peuvent se remplacer par *fui, fueram, fuerim, fuissem, fuisse*.

SUBJONCTIF.

Présent.	Impl	*ear,*	*earis,*	*eatur,*	*eamur,*	*eamini,*	*eantur.*
Imparfait.	Impler	*er,*	*eris,*	*etur,*	*emur,*	*emini,*	*entur.*
Prétérit.	Implet		*us,*	*a,*	*um*	*sim.*	
Plusque-p.	Implet		*us,*	*a,*	*um*	*essem.*	

INFINITIF.

Présent.	Impler		*i.*		
Prétérit.	Implet	*um,*	*am,*	*um*	*esse.*
Futur.	Impl	*endum,*	*endam,*	*endum*	*esse.*
Futur abs.	Impl	*endum,*	*endam,*	*endum*	*fuisse.*
Part. pass.	Implet	*us,*	*a,*	*um.*	
Partic. f.	Impl	*endus,*	*enda,*	*endum.*	
Supin.	Implet		*u.*		

TROISIÈME CONJUGAISON PASSIVE, *LEGI*, ÊTRE LU.

INDICATIF.

Présent.	Leg	*or,*	*eris,*	*itur,*	*imur,*	*imini,*	*untur.*
Imparfait.	Leg	*ebar,*	*ebaris,*	*ebatur,*	*ebamur,*	*ebamini,*	*ebantur.*
Prétérit.	Lect		*us,*	*a,*	*um*	*sum.*	
Plusque-p.	Lect		*us,*	*a,*	*um*	*eram.*	
Futur.	Leg	*ar,*	*eris,*	*etur,*	*emur,*	*emini,*	*entur.*
Futur abs.	Lect		*us,*	*a,*	*um*	*ero.*	

IMPÉRATIF.

	Leg	*itor,*	*itor,*	*amur,*	*imini,*	*untor.*

SUBJONCTIF.

Présent.	Leg	*ar,*	*aris,*	*atur,*	*amur,*	*amini,*	*antur.*
Imparfait.	Leger	*er,*	*eris,*	*etur,*	*emur,*	*emini,*	*entur.*
Prétérit.	Lect		*us,*	*a,*	*um*	*sim.*	
Plusque-p.	Lect		*us,*	*a,*	*um*	*essem.*	

INFINITIF.

Présent.	Leg		*i* (1).		
Prétérit.	Lect	*um,*	*am,*	*um*	*esse.*
Futur.	Leg	*endum,*	*endam,*	*endum*	*esse.*
Futur abs.	Leg	*endum,*	*endam,*	*endum*	*fuisse.*
Part. pass.	Lect	*us,*	*a,*	*um.*	
Partic. f.	Leg	*endus,*	*enda,*	*endum.*	
Supin.	Lect		*u* (2).		

---

(1) Dans la troisième conjugaison, le présent de l'infinitif passif se forme du présent de l'indicatif actif en changeant *o* en *i*.

(2) Le verbe *ferre* porter, fait aux deux dernières personnes singulières du présent de l'indicatif et au présent de l'infinitif, *ferris*, *fertur*; *ferri*.

QUATRIÈME CONJUGAISON PASSIVE, *AUDIRI*, ÊTRE ÉCOUTÉ.

INDICATIF.

Présent.	Aud	*ior,*	*iris,*	*itur,*	*imur,*	*imini.*	*iuntur.*
Imparfait.	Aud	*iebar,*	*iebaris,*	*iebatur,*	*iebamur,*	*iebamini,*	*iebantur.*
Prétérit.	Audit		*us,*	*a,*	*um*	*sum.*	
Plusque-p.	Audit		*us,*	*a,*	*um*	*eram.*	
Futur.	Aud	*iar,*	*ieris,*	*ietur,*	*iemur,*	*iemini,*	*ientur.*
Futur abs.	Audit		*us,*	*a,*	*um*	*ero.*	

IMPÉRATIF.

Aud	*itor,*	*itor,*	*iamur,*	*imini,*	*iuntor.*

SUBJONCTIF.

Présent.	Aud	*iar,*	*iaris,*	*iatur,*	*iamur,*	*iamini,*	*iantur.*
Imparfait.	Audir	*er,*	*eris,*	*etur,*	*emur,*	*emini,*	*entur.*
Prétérit.	Audit		*us,*	*a,*	*um*	*sim.*	
Plusque-p.	Audit		*us,*	*a,*	*um*	*essem.*	

INFINITIF.

Présent.	Audir		*i.*		
Prétérit.	Audit	*um,*	*am,*	*um*	*esse.*
Futur.	Aud	*iendum,*	*iendam,*	*iendum*	*esse.*
Futur abs.	Aud	*iendum,*	*iendam,*	*iendum*	*fuisse.*
Part. pass.	Audit	*us,*	*a,*	*um.*	
Partic. f.	Aud	*iendus,*	*ienda,*	*iendum.*	
Supin.	Audit		*u.*		

RÈGLE SYNTAXIQUE.

COMPLÉMENT DES VERBES PASSIFS.

Le complément des verbes passifs se met à l'ablatif avec *a* ou *ab* s'il est animé, et à l'ablatif simple s'il est inanimé : *je désire être aimé* des miens, à meis *amari postulo; nous sommes trompés* par l'apparence, *decipimur* specie.

VERBES DÉPONENTS.

Les verbes déponents ont la terminaison passive et la signification active jusqu'à l'infinitif qui offre d'autres irrégularités que le modèle suivant nous apprendra.

INFINITIF.

Présent.	Imit *ari*,	imiter.
Prétérit.	Imitat *um esse*,	avoir imité.
Futur.	Imitat *urum esse*,	devoir imiter.
Futur antérieur.	Imitat *urum fuisse*,	avoir dû imiter.
Participe présent.	Imit *ans*,	imitaut.
Participe passé actif.	Imitat *us*,	ayant imité.
Participe passé passif.	Imitat *us*,	imité.
Participe futur actif.	Imitat *urus*,	devant imiter.
Participe futur passif.	Imit *andus*,	devant être imité.
Supin actif.	Imitat *um*,	à imiter.
Supin passif.	Imitat *u*,	à être imité.
Gérondifs.	Imit *andi*,	d'imiter.

VERBES NEUTRES.

Les verbes neutres se conjuguent comme les verbes actifs, mais ils n'ont pas de passif.

VERBES IRRÉGULIERS, DÉFECTIFS ET UNIPERSONNELS.

POSSE, POUVOIR; *VELLE*, VOULOIR.

INDICATIF.	*Présent.*	*Possum*, *Potes*, *Potest*, *Possumus*, *Potestis*, *Possunt.*	*Volo*, *Vis*, *Vult*, *Volumus*, *Vultis*, *Volunt.*
	Imparfait.	*Poteram, etc.*	*Volebam, etc.*
	Prétérit.	*Potui, etc.*	*Volui, etc.*
	Plusque-parfait.	*Potueram, etc.*	*Volueram, etc.*
	Futur.	*Potero, etc.*	*Volam, etc.*
	Futur absolu.	*Potuero, etc.*	*Voluero, etc.*
SUBJONCTIF.	*Présent.*	*Possim, etc.*	*Velim, etc.*
	Imparfait.	*Possem, etc.*	*Vellem, etc.*
	Prétérit.	*Potuerim, etc.*	*Voluerim, etc.*
	Plusque-parfait.	*Potuissem, etc.*	*Voluissem, etc.*
INFINITIF.	*Présent.*	*Posse.*	*Velle.*
	Prétérit.	*Potuisse.*	*Voluisse.*
	Participe présent.		*Volens* (1).

(1) 1.° Le présent du subjonctif se forme du présent de l'infinitif en changeant *le* en *im*.

2.° *Malle*, aimer mieux, fait au présent de l'indicatif *malo*, *mavis*, *mavult*, *malumus*, *mavultis*, *malunt*, et il manque de participe présent.

3.° *Nolle*, ne vouloir pas, fait aux deux dernières personnes singulières du présent de l'indicatif *non vis*, *non vult*, et il a un impératif qui est *noli* ou *nolito*, *nolimus*, *nolitote*, *nolunto*.

GAUDERE, SE RÉJOUIR.

Il y a des verbes qui, au prétérit et aux temps dérivés du prétérit, prennent la forme passive. Tel est *gaudeo*, *gavisus sum*, *gaudere*, qui offre à l'infinitif, outre les temps ordinaires, un second supin *gavisu*, à se réjouir, et un participe passé actif *gavisus*, s'étant réjoui.

UNIPERSONNELS.

POENITERE, SE REPENTIR; *TÆDERE*, S'ENNUYER; *PIGERE*, ÊTRE FACHÉ; *PUDERE*, AVOIR HONTE, ET *MISERERE*, AVOIR PITIÉ.

Les unipersonnels *pœnitere*, *tædere*, *pigere*, *pudere* et *miserere*, veulent à l'accusatif le nom ou pronom qui précède le verbe français : *je* me *repens*, me *pœnitet*; Charles *s'ennuyait*, Carolum *tædebat*.

Ces verbes n'ont pas d'impératif et leurs seuls temps de l'infinitif sont le présent, le prétérit, le participe présent et les gérondifs (1).

MEMINISSE, SE SOUVENIR.

Meminisse fait au présent, à l'imparfait et au futur de l'indicatif, *memini*, etc., *memineram*, etc., *meminero*, etc.; à l'impératif, *memento*, *memento*, *mementote*; au présent et à l'imparfait du subjonctif *meminerim*, etc., *meminissem*, etc; et au présent de l'infinitif *meminisse* (2).

AIO, DIS-JE; *INQUAM*, DIS-JE.

INDICATIF.	*Présent.*	*Aio, ais, ait,* » » *aiunt.*	*Inquam, inquis,* » » » »
	Imparfait.	*Aiebam, etc.* *Aiebamus, etc.*	» » *inquiebat,* » » *inquiebant.*
	Prétérit.	» *aisti,* » » *aistis,* »	» *inquisti, inquit,* » *inquistis,* »
	Futur.	» » »	» *inquies, inquiet.*

(1) *Pœnitere* a un participe futur passif *pœnitendus* dont on doit se repentir.

(2) Ainsi se conjuguent *cœpisse*, commencer, qui manque d'impératif, et *odisse*, haïr, qui manque aussi d'impératif, et qui a de plus que les verbes de ce modèle une foule de temps que le dictionnaire, l'usage et la lecture des grammaires latines nous apprendront.

IMPÉRATIF.	*Présent.*	» *ai, etc.*	» *inquito.*
SUBJONCTIF.	*Présent.*	» *aias, aiat,* » *aiatis, aiant.*	» » *inquiat,* » » *inquiant.*
PARTICIPE.	*Présent.*	*Aiens, etc.*	»

IRE, ALLER; *FIERI*, DEVENIR.

INDICATIF.	*Présent.*	*Eo, is, it, imus, itis, eunt.*	*Fio, etc.*
	Imparfait.	*Ibam, etc.*	*Fiebam, etc.*
	Prétérit.	*Ivi, etc.*	*Factus sum, etc.*
	Plusque-parfait.	*Iveram, etc.*	*Factus eram, etc.*
	Futur.	*Ibo, etc.*	*Fiam, etc.*
	Futur absolu.	*Ivero, etc.*	*Factus ero, etc.*
IMPÉRATIF.		» *ito, ito, eamus, itote, eunto.*	» *fi,* » » *fitote.*
SUBJONCTIF.	*Présent.*	*Eam, etc.*	*Fiam, etc.*
	Imparfait.	*Irem, etc.*	*Fierem, etc.*
	Prétérit.	*Iverim, etc.*	*Factus sim, etc.*
	Plusque-parfait.	*Ivissem, etc.*	*Factus essem, etc.*
INFINITIF.	*Présent.*	*Ire.*	*Fieri.*
	Prétérit.	*Ivisse.*	*Factum esse, etc.*
	Futur.	*Iturum esse, etc.*	*Faciendum esse, etc.*
	Futur absolu.	*Iturum fuisse, etc.*	*Faciendum fuisse, etc.*
	Participe présent.	*Iens, euntis, etc.*	»
	Part.e passé passif.	»	*Factus, etc.*
	Part.e futur actif.	*Iturus, etc.*	»
	Part.e futur passif.	»	*Faciendus, etc.*
	Supin actif.	*Itum*, aller.	»
	Supin passif.	*Itu*, à aller.	*Factu.*
	Gérondifs.	*Eundi, etc.*	»

Conjuguez sur le modèle *ire*, *exire*, sortir; *adire*, aller trouver, etc. (1).

RÈGLE SYNTAXIQUE.

COMPLÉMENT INDIRECT DE TOUTES LES ESPÈCES DE VERBES.

Le complément indirect de toutes les espèces de verbes se met à différens cas que le dictionnaire ou l'usage

(1) 1.° *Quire*, pouvoir, et *nequire*, ne pouvoir pas, verbes dont peu de temps et peu de personnes sont usités, manquent d'impératif.

2.° *Infit*, il commence, n'est usité qu'à la troisième personne singulière du présent de l'indicatif.

apprendra : *tendez la main* au malheureux, *da dextram* misero ; *Pythagore enseignait la modestie* aux enfans, *Pythagoras* pueros *modestiam docebat.*

L'ADVERBE, LA PRÉPOSITION, LA CONJONCTION ET L'INTERJECTION.

L'adverbe, la préposition, la conjonction et l'interjection, sont en latin comme en français des mots invariables : *sat*, assez ; *in*, dans ; *aut*, ou ; *eu*, bien (1) !

RÈGLES SYNTAXIQUES.

COMPLÉMENT DES ADVERBES, DES PRÉPOSITIONS ET DES INTERJECTIONS.

Plusieurs adverbes, les prépositions et les interjections, régissent différens cas que le dictionnaire ou l'usage apprendra : *j'ai été* au-devant d'eux, *ivi ego* illis obviàm ; *Daphnis vient* de la ville, ab urbe *venit Daphnis* ; *malheur* à toi, *væ* tibi !

COMPLÉMENT DES CONJONCTIONS.

Les conjonctions régissent différens modes que le dictionnaire ou l'usage apprendra : *tandis qu'ils étaient*, *dùm essent* ; *puisque tu le veux ainsi*, *quoniàm ità vis.*

---

(1) Plusieurs adverbes ont un comparatif et un superlatif : *doctè*, *doctiùs*, *doctissimè*.

SECONDE PARTIE.

EXPLICATION

DES PRINCIPALES DIFFICULTÉS DE LA SYNTAXE ET DES IDIOTISMES.

CAS OU LES TEMPS DE L'INDICATIF ET DU SUBJONCTIF FRANÇAIS SE RENDENT PAR UN DES TEMPS DE L'INFINITIF LATIN.

Après les verbes *croire*, *prétendre*, *savoir*, etc., le verbe précédé de *que*, se tourne et se rend par l'infinitif : *je pense que* vous viendrez (*vous devoir venir*), te venturum esse *puto*.

REMARQUE.

1.° Si le second verbe n'a pas de futur de l'infinitif latin, on le met au subjonctif précédé de *futurum esse*, *futurum fuisse ut* : *je crois* qu'il serait, *ego puto* futurum esse ut *esset*.

2.° Si dans certaines phrases le verbe non précédé de *que* se met à l'infinitif, c'est parce que l'on peut, au moyen d'une tournure, faire précéder ce verbe de que : *il espère* partir, c. à d., *il espère* qu'il partira ; *je me souviens* d'avoir lu, c. à d., *je me souviens* que j'ai lu.

TABLEAU DESTINÉ A FACILITER L'APPLICATION DE LA RÈGLE.

PHRASES renfermant des verbes à mettre à l'infinitif.	TEMPS DE L'INFINITIF parmi lesquels on doit choisir.	TEMPS A CHOISIR.
Je crois qu'il aurait lu si.	*Lui* lire.	Avoir dû lire.
Je crois qu'il a lu.	*Lui* avoir lu.	Avoir lu.
Je croyais qu'il lirait.	*Lui* devoir lire.	Devoir lire.
Je croyais qu'il lisait quand vous êtes venu.	*Lui* avoir dû lire.	Lire.

CAS OU DOIT SE METTRE LE PARTICIPE LATIN.

PARTICIPES JOINTS AU SUJET.

Le participe qui se rapporte au sujet du verbe se met au même nombre, au même genre et au même cas que ce sujet : *un coq* cherchant *de la nourriture, trouva une perle, gallus escam* quœrens, *margaritam reperit.*

PARTICIPES JOINTS A UN COMPLÉMENT.

Le participe qui se rapporte au complément du verbe se met au même nombre, au même genre et au même cas que ce complément : *le loup* étant étendu *dans un trou, la brebis le vit, bidens* jacentem *in foveâ conspexit lupum.*

PARTICIPES QUI SE TRADUISENT PAR L'ABLATIF.

Le participe qui ne se rapporte ni au sujet ni au complément du verbe, se met à l'ablatif : *les parts* étant faites, *le lion parla ainsi,* partibus factis, *sic locutus est leo* (1).

CAS OU, AU LIEU DU POSITIF *SUUS*, ON EMPLOIE L'INDICATIF *EJUS* OU *ILLIUS*.

Son, sa, ses, etc., se rendent par *ejus, eorum,* toutes les fois qu'il n'ont pas leur possesseur dans la proposition où ils se trouvent : *je veux goûter* ses *paroles, gustare* ejus *sermonem volo.*

Si cependant *son, sa, ses* ont leur possesseur dans la proposition corrélative qui précède celle où ils se trouvent, on ne peut pas les exprimer par *ejus, eorum : la mère vous prie de pardonner à* son *fils, mater te orat ut filiolo ignoscas* suo.

CAS OU L'ON EMPLOIE *SUI, SIBI, SE*, AU LIEU DES INDICATIFS *HIC, IS, ILLE* ET *ISTE*.

Il, elle, le, la, lui, etc., dans les phrases comme celles de l'exemple suivant, se rendent par *sui, sibi, se,* lorsque l'objet qu'ils représentent se trouve dans la proposition corrélative précédente : *Glycère sait qu'*elle *est citoyenne d'Athènes, Glyceria scit* se *civem esse atticam.*

(1) L'adjectif *invitus*, malgré, suit la règle des participes.

SYNTAXE DES PRINCIPAUX ADVERBES DE QUANTITÉ.

ON REND		DEVANT UN NOM de choses qui ne se comptent pas et devant un verbe ordinaire (1),	DEVANT un adjectif ou un adverbe,	DEVANT UN VERBE de prix ou d'estime,	DEVANT UN COMPARATIF ou un verbe d'excellence et devant *antè* et *post*,	DEVANT UN NOM de choses qui se comptent,
Peu,		Parùm.	Parùm.	Parvi.	»	Pauci.
Beaucoup,		Multùm.	Multùm.	Magni.	Multò.	Multi.
Moins,		Minùs.	Minùs.	Minoris.	»	Pauciores.
Plus,		Plus.	Magis.	Pluris.	»	Plures.
Autant, tant,	PAR	Tantùm.	Tàm.	Tanti.	Tantò.	Tot.
Assez,		Satis.	Satis.	Satis magni.	»	Satis multi.
Trop,		Nimis.	Nimis.	Nimiò pluris.	»	Nimis multi.
Que, combien,		Quantùm.	Quàm.	Quanti.	Quantò.	Quot.
		Peu d'eau,	*Aussi savant,*	*Il coûte beaucoup.*	*Il l'emporte beaucoup.*	*Moins de soldats.*
		Parùm aquæ. (1)	*Tàm doctus.*	*Magni constat* (2).	*Multò præstat* (3).	*Pauciores milites.*

(1) Quand la chose peut se dire grande, ces adverbes peuvent se changer en adjectifs et s'exprimer par *parvus*, *magnus*, *minor*, *major*, *tantus*, *satis magnus*, *nimius*, *quantus*.

(2) Avec *refert*, *interest*, on exprime *plus*, *moins*, *trop* par *magis*, *minùs*, et *peu*, *beaucoup*, etc., par *parvi*, *magni*, etc.

(3) Un peu, avec ces mots, s'exprime par *paulò*.

TROISIÈME PARTIE.

SUJETS D'EXERCICES

EXTRAITS DE L'ABRÉGÉ DE LA GRAMMAIRE LATINE DE *LEFRANC*, ET DESTINÉS A SERVIR DE COMPLÉMENT AUX RÈGLES SYNTAXIQUES QUE NOUS AVONS DÉJA DONNÉES (1).

EXEMPLES FRANÇAIS.	EXEMPLES LATINS.

SYNTAXE DE CONCORDANCE.

95. ACCORD DE L'ATTRIBUT AVEC LE SUJET.

Pardonner est *une chose propre à l'homme.*	*Ignoscere humanum* est.

SYNTAXE DE COMPLÉMENT.

98 (2). DES VERBES CONSIDÉRÉS COMME COMPLÉMENT D'UN SUBSTANTIF.

La sagesse est *l'art* de bien *vivre.*	Sapientia *ars* benè *vivendi* est.

100. ADJECTIFS QUI VEULENT LEUR COMPLÉMENT AU GÉNITIF.

L'orateur est l'homme de bien *habile dans l'art de parler.*	Orator est vir bonus *dicendi peritus.*

101. ADJECTIFS QUI VEULENT LEUR COMPLÉMENT AU DATIF.

L'eau nitreuse est *utile à boire.*	Aqua nitrosa *utilis* est *bibendo.*

(1) Si l'on reproche à cette nomenclature d'être trop courte ou trop longue, il est facile au professeur d'en composer et d'en faire imprimer une autre. Ici nulle phrase n'est l'inutile répétition d'une de nos règles syntaxiques; chacune de ces phrases forme un modèle d'exercice; leur ensemble constitue les élémens d'un cours de thèmes, et, sans parler du titre qui suffit presque pour définir la règle, on peut dire que l'indication en lettres italiques de la difficulté à aborder, formera mieux l'intelligence de l'étudiant que ces longues grammaires dont la mémoire retient pour un seul jour les développemens.

(2) Numéro d'ordre de la règle de *Lefranc*, à laquelle, dans un cas d'embarras, le professeur ou l'élève peut se reporter.

EXEMPLES FRANÇAIS.	EXEMPLES LATINS.

103. ADJECTIFS QUI VEULENT LEUR COMPLÉMENT A L'ACCUSATIF AVEC LA PRÉPOSITION *AD*.

Nous sommes *portés à apprendre* et *à enseigner*.	*Ad discendum* et *ad docendum propensi* sumus.

106. ADJECTIFS QUI VEULENT AU SUPIN EN *U* LE VERBE QUI LEUR SERT DE COMPLÉMENT.

Il est *défendu de dire* ce qu'il est *déshonnête de faire*.	*Nefas* est *dictu* quod est *inhonestum factu*.

109. COMPLÉMENT DES SUPERLATIFS.

La plus petite des îles Baléares appartenait aux Carthaginois.	*Minor Balearium* Pœnorum erat.

113. VERBES ACTIFS ET VERBES DÉPONENTS ACTIFS QUI VEULENT LEUR COMPLÉMENT INDIRECT A L'ABLATIF.

La lune *reçoit* sa lumière *du soleil*.	Luna *à sole* lucem *accipit*.
Les jeunes gens *retirent* le plus grand fruit *des études*.	Maximum *ex studiis* fructum *capiunt* adolescentes.
J'ai appris cela *de mon ami*.	Id *audivi ex* ou *ab amico meo*.
Jésus-Christ *a racheté* l'homme *de la mort*.	Christus *redemit* hominem *à morte*, ou *ex morte*, ou *morte*.

118. VERBE COMPLÉMENT DIRECT D'UN AUTRE VERBE.

L'habitude *apprend à supporter* le travail.	*Ferre* laborem consuetudo *docet*.
Un père de famille doit *aller se coucher* le dernier.	Pater familiâs postremus *cubitum ire* debet.

119. VERBE COMPLÉMENT INDIRECT D'UN AUTRE VERBE.

Appliquez-vous à écouter.	*Auscultando date operam*.
Employez souvent vos loisirs *à lire les auteurs*.	Sæpè otium *legendis scriptoribus impende*.
Nous exhortons les jeunes gens *à lire*.	Juvenes *hortamur ad legendum*.
La vieillesse ne *détourne* pas le sage *d'apprendre*.	*A discendo* senectus sapientem non *deterret*.
Le corps *se fortifie à chasser*.	*Venando corroboratur* corpus.

EXEMPLES FRANÇAIS.	EXEMPLES LATINS.

120. COMPLÉMENT DES VERBES EMPLOYÉS UNIPERSONNELLEMENT.

Il importe à un roi de défendre ses sujets.	*Refert regis* tueri subditos.
Cessez de demander ce qui ne *vous importe* pas.	*Tuâ* quod non *refert*, percontari desine.
Il importe à notre bonheur de bien vivre.	*Ad felicitatem nostram interest* benè vivere (1).

128. DES ADJECTIFS INTERROGATIFS CONSIDÉRÉS COMME COMPLÉMENT DIRECT ET INDIRECT DES VERBES.

Que ne *détruit* point le temps?	*Quid* non *imminuit* tempus?
Qu'étudiez-vous?	*Cui rei studes?*

130. DES PRONOMS INDICATIFS CONSIDÉRÉS COMME COMPLÉMENT DIRECT DES VERBES.

La santé *se soutient* par la continence.	Valetudo *sustentatur* continentiâ (2).

COMPLÉMENT DES PRÉPOSITIONS.

132. NOM DU LIEU OU L'ON EST.

Les musiciens *fleurirent dans la Grèce.*	*In Græciâ* musici *floruerunt.*
A Athènes, l'étude des lettres *obtenait* des honneurs; *elle languissait à Lacédémone.*	*Athenis* litterarum studia honores *merebantur; Lacedemone jacebant.*
Restant à la campagne, que ferai-je?	*Rure morans*, quid agam?
Quarante mille volumes *brûlèrent à Alexandrie* (3).	Quadragintà millia librorum *Alexandriæ arserunt.*
Les études *réjouissent à la maison.*	Studia *delectant domi.*
La vigne *étendue par terre* regrette les ormeaux.	*Stratus humi* palmes desiderat ulmos.
Il y a chez Hérodote des fables innombrables.	*Apud Herodotum sunt* innumerabiles fabulæ.

(1) *Il importe à moi, César, refert meâ, Cæsaris.*
(2) Les sots aiment à *se louer*, stulti *se invicem laudare* amant.
(3) *Il demeure à Lyon, habitat Lugduni.*

EXEMPLES FRANÇAIS.	EXEMPLES LATINS.

133. NOM DU LIEU D'OU L'ON VIENT.

Les premiers législateurs *sont venus de l'Egypte.*	*Ab Ægypto venêre* primi legislatores.
Les meilleurs orateurs *sont venus d'Athènes.*	*Athenis exierunt* optimi oratores.
Déjà les citadins *reviennent de la campagne* (1).	Jàm *rure redeunt* urbani.
Personne jamais ne *se retira du parti de César.*	Nemo unquàm *à Cæsare defecit.*

134. NOM DU LIEU OU L'ON VA.

Le Rhin *coule dans l'océan.*	Rhenus *in oceanum influit.*
Le loup et l'agneau *étaient venus au même ruisseau.*	*Ad eumdèm rivum* lupus et agnus *venerant.*
Curius le premier *amena à Rome* quatre éléphants.	Curius primus *Romam* elephantos quatuor *duxit.*
Læluis et Scipion *volaient* de la ville *à la campagne* (2).	Læluis et Scipio ex urbe *rus evolabant.*
J'allais chez vous.	*Ad te ibam.*

135. NOM DU LIEU PAR OU L'ON PASSE.

Le bruit *se répand par la ville.*	*It* fama *per urbem.*
J'ai passé chez Pompée.	*Iter habui per Pompei domum.*

136. REMARQUES GÉNÉRALES SUR LE COMPLÉMENT DES PRÉPOSITIONS DANS LES QUESTIONS *UBI*, *UNDÈ* ET *QUÒ*.

Ils s'arrêtèrent à Albe, *lieu favorable.*	Albæ constiterunt, *in loco opportuno.*
Ce bruit est venu d'Argos, *ville de Grèce.*	Fama hæc venit Argis, *ex Græciæ civitate.*
César parvint à Marseille, *ville des Gaules.*	Cæsar Massiliam, *in Galliarum urbem*, pervenit.
Cicéron mourut *dans la ville de Citium.*	Cicero *in oppido Citio* mortuus est.
Je vais *dans la grande Rome* (3).	Eo *in magnam Romam.*

(1) *Je reviens de la maison, redeo domo.*
(2) *Allons à la maison, eamus domum.*
(3) *Il demeure dans la maison de César, dans une campagne agréable, habitat in domo Cæsaris, in rure amœno.*

EXEMPLES FRANÇAIS.	EXEMPLES LATINS.

137. NOMS QUI INDIQUENT LE TEMPS OU UNE CHOSE A LIEU.

Rome *fut fondée la troisième année* de la sixième olympiade.	Roma *condita est* olympiadis sextæ *anno tertio*.

138. NOMS QUI INDIQUENT LE TEMPS DEPUIS LEQUEL UNE CHOSE A LIEU, LA MESURE, LA DISTANCE, L'ORIGINE, ETC.

L'ère chrétienne *date de Jésus-Christ*.	*A Christo incipit* æra christiana.
Les Arabes avaient des épées minces, *longues de quatre coudées*.	Arabes gladios habebant tenues, *longos quaternis cubitis*.
L'Irlande est *de moitié plus petite* que la Grande-Bretagne.	Hibernia est *dimidio minor* Britanniâ.
Le nautonnier est seulement *séparé* de la mort *de quatre* ou *de sept doigts*.	Navita tantùm *digitis* à morte *remotus quatuor* aut *septem*.
Ennius *fut placé en marbre* dans le tombeau des Scipions.	Ennius in sepulchro Scipionum *constitutus est ex marmore*.
Pythagore *parcourut à pied* beaucoup de pays.	Pythagoras multas regiones *pedibus obiit*.
Les petites choses *s'accroissent par la concorde*.	*Concordiâ* res parvæ *crescunt*.
L'amitié *s'entretient par la vérité*.	*Veritate* amicitia *alitur*.
Isocrate *vendit vingt talents* un seul discours (1).	*Vigenti talentis* unam orationem Isocrates *vendidit*.

139. NOMS QUI INDIQUENT POUR COMBIEN DE TEMPS UNE CHOSE A LIEU.

La nature *fait naître* les fleurs *pour un jour*.	Natura flores *in diem gignit*.

140. NOMS QUI INDIQUENT LE TEMPS PENDANT LEQUEL UNE CHOSE A LIEU.

Cicéron *a vécu soixante-trois ans*.	Cicero *vixit tres et sexagintà annos*.
Dieu *a créé* le monde *en six jours*.	Deus mundum *creavit intrà sex dies*.
Alexandre mourut *âgé de trente-trois ans* et *un mois*.	Decessit Alexander *mensem unum, annos tres* et *trigintà natus*.

(1) *Je tiens* le loup *par les oreilles*, *teneo* lupum *auribus*.

EXEMPLES FRANÇAIS.	EXEMPLES LATINS.

145. DU *QUE* COMPARATIF CONSIDÉRÉ ABSOLUMENT.

La sagesse est plus précieuse *que l'or.*	Sapientia pretiosior est *quàm aurum.*
Par le butin des ennemis, les armées deviennent *plus riches que courageuses.*	Prædâ hostium *ditiores* fiunt exercitus *quàm fortiores.*
Réprimer ses passions est une chose *plus belle que difficile.*	Continere cupiditates *præclarum* est *magis quàm difficile.*

146. DE LA CONJONCTION *QUE* APRÈS AUTANT, AUSSI, TANT, SI.

La perfidie cause *autant de mal* au genre humain *que* la bonne foi lui procure *d'avantage.*	*Tantùm incommodi* humano generi affert perfidia *quantùm commodi* bona fides.
Il y a dans le monde *autant de caractères que de figures.*	*Mores tot* sunt *quot* in orbe *figuræ.*
Il est *aussi cruel* de pardonner à tout le monde *qu*'il l'est de ne pardonner à personne.	Omnibus ignoscere *tàm crudele* est *quàm* nulli.
Soignez votre corps *autant qu*'il *est* nécessaire pour la bonne santé.	Corpori *tantùm indulgeto quantùm* bonæ valetudini sat *est.*
Annibal *surpassait autant* les autres généraux, *que* le peuple romain *l'emportait* sur toutes les autres nations.	Annibal *tantò præstitit* cæteros imperatores *quantò* populus romanus *antecedebat* cæteras nationes.
L'homme de bien *est aussi aimé qu'il est estimé.*	Vir bonus *tantùm amatur quanti fit.*

147. DE LA CONJONCTION *QUE* PRÉCÉDÉE DE D'*AUTANT PLUS*, D'*AUTANT MOINS*.

La gloire *est d'autant plus grande, qu'elle est plus tardive.*	*Eò major est* gloria *quò serior.*
La véritable vertu brille *d'autant plus qu'elle se cache.*	*Eò magis* elucet vera virtus *quòd occultatur* (1).

(1) L'homme *est d'autant moins estimé qu*'il est *plus orgueilleux*; *eò minoris fit* homo *quò superbior* est.

150. DE LA CONJONCTION *QUE* PRÉCÉDÉE DE *TEL*, *MÊME*, *AUTRE*, *AUTREMENT*.

EXEMPLES FRANÇAIS.	EXEMPLES LATINS.
Soyons *tels que* nous voulons paraître.	*Ii* simus *qui* haberi volumus.
Fabricius fut à Rome *tel qu'*Aristide à Athènes.	*Talis* Romæ Fabricius *qualis* Aristides Athenis fuit.
Un esclave est *de la même* nature *que* vous.	Servus *ejusdem* naturæ *cujus tu*.
Personne *autre* n'est plus digne de Dieu *que* celui qui méprise les richesses.	Nemo *alius* Deo dignus est *quàm* qui opes contemnit.

154. *QUE* OU *DE* TENANT LIEU DE *QUE* APRÈS *SE RÉJOUIR*, *ÊTRE CAUSE*, *ATTENDRE*, *ETC.*

EXEMPLES FRANÇAIS.	EXEMPLES LATINS.
L'homme de bien *se réjouit d'être utile* aux autres.	Vir bonus *gaudet quòd* aliis *prosit*.
Je suis fâché que vous vous mettiez en colère.	*Dolet mihi quod stomacharis.*
La colère *a été cause que* des villes puissantes *ont péri* de fond en comble.	Ira *fuit causa cur* urbes *perirent* funditùs.
L'homme de bien n'*attend* pas *d'être prié* par ses amis.	Vir bonus non *expectat dùm* ab amicis *rogetur*.

155. *QUE* OU *DE* TENANT LIEU DE *QUE* APRÈS *VOULOIR*, *AVERTIR*, *CONSEILLER*, *ETC.*

EXEMPLES FRANÇAIS.	EXEMPLES LATINS.
Pythagore *veut* dans l'amitié *que* plusieurs *ne fassent* qu'un.	Pythagoras *vult* in amicitiâ *ut* unus *fiat* ex pluribus.
Je vous *avertis que* les âmes ne *meurent* pas avec le corps.	*Moneo* te non cum corpore *interire* animos.
J'avertis les élèves *d'aimer* leurs maîtres non moins que les études elles-mêmes.	Discipulos *moneo ut* præceptores suos non nimìs quàm ipsa studia *ament*.
Je vous *conseille de* vous *rendre* meilleur chaque jour.	*Suadeo* tibi *ut* te quotidiè meliorem *facias*.
*Ayons soin qu'*aucune dissention *ne s'élève* entre les amis.	*Demus operam ne* qua inter amicos dissidia *fiant*.

EXEMPLES FRANÇAIS.	EXEMPLES LATINS.

156. *QUE* OU *DE* TENANT LIEU DE *QUE* APRÈS *PRENDRE GARDE*, *CRAINDRE*, *MÉRITER*, *ETC.*

Prenez garde d'ouvrir l'oreille aux flatteurs.	*Cave ne* assentatoribus *patefacias* aures.
Je crains que vous ne résistiez pas à tant de travaux.	*Vereor ut* tot labores *sustineas.*
Les Lacédémoniens *craignaient qu'*Alcibiade *ne se retirât* de leur parti.	Lacedæmonii *pertimebant ne* Alcibiades ab ipsis *descisceret.*
Celui qui obéit modestement *mérite de commander* un jour.	Qui modestè paret *dignus est ut* ou *qui* aliquando *imperet.*
Le sage est *digne que* les hommes l'*honorent.*	*Dignus* est sapiens *quem colant* homines.

157. *QUE* OU *DE* TENANT LIEU DE *QUE* APRÈS *EMPÊCHER*, *DOUTER*, *ETC.*

La loi naturelle *nous défend de nuire à* personne.	Lex naturæ *prohibet ne* cuilibet *noceamus.*
La vieillesse *ne nous empêche point de cultiver* les belles-lettres.	Senectus *non impedit quin* litteras *colamus.*
Je doute qu'il ait existé quelqu'un plus éloquent que Cicéron.	*Dubito an* ullus M. Tullo eloquentior *exstiterit.*
Il n'est pas douteux que tout *ne soit gouverné* par une intelligence divine.	*Non dubium est quin* omnia *divinâ* ratione *regantur.*
Qui doute que la véritable richesse *ne soit* dans la vertu?	*Quis dubitat quin* in virtute veræ *sint* divitiæ?

158. DE *QUE* PRÉCÉDÉ DE *TEL*, DE *SI*, DE *TANT*.

La libéralité doit être *telle qu'elle ne nuise* à personne.	Debet *ea* esse liberalitas *ut* nemini *noceat.*
L'Asie est *si* fertile *qu'elle l'emporte* en abondance sur toutes les contrées.	Asia *tàm* opima est *ut* ubertate omnibus terris *antecellat.*
Titus fut d'une *si grande* libéralité, *qu'il ne refusait* rien à personne.	Titus *tantæ* fuit liberalitatis *ut* nulli quidquam *negaret.*
La nature a accordé *tant d'avantages* aux hommes, *qu'ils ne peuvent* rien désirer de plus.	*Tot* hominibus *commoditates* largita est natura, *ut* nihil ampliùs optare *queant.*

EXEMPLES FRANÇAIS.	EXEMPLES LATINS.

163. DE LA CONJONCTION *LORSQUE*.

Les arcs-en-ciel, *lorsqu'ils sont* doubles, annoncent de la pluie.	Arcus, *cùm sunt* duplices, pluviam nunciant.
*Pendant qu'*Athènes *florissait* sous les lois de l'égalité, une liberté licencieuse troubla l'état (1).	*Quùm* Athenæ *florerent* æquis legibus, procax libertas civitatem miscuit.

167. DE LA CONJONCTION *SI*.

L'homme serait heureux *s'il pratiquait* toujours la vertu.	Beatus esset homo *si* virtutem usquè *coleret*.
Je ne sais si Dieu nous *a donné* quelque chose de meilleur que l'amitié.	Haud scio *an* quidquam melius amicitiâ *sit* à Deo *datum*.
Crésus *demanda* à Solon *s'il ne* le *croyait pas heureux*.	A Solone *quæsivit* Cræsus *nonne* eum beatum *putaret*.
Je ne sais s'il viendra.	*Nescio an venturus sit*.
Ils me *demandent si c'est* votre faute *ou si c'est* la mienne.	*Quærunt utrùm* tua *sit an* mea culpa.
Je demandai à Catilina *s'il s'était trouvé* chez Lecca *ou non*.	*Quæsivi* à Catilinâ *an* apud Leccam *fuisset necne*.

169. DES ADJECTIFS ET DES ADVERBES INTERROGATIFS PLACÉS ENTRE DEUX VERBES.

Vous ne savez pas qui je *suis*.	*Nescis quis* ego *sim*.
Je demande pourquoi il neige l'hiver, et *pourquoi il* ne *grêle* pas.	*Quæro cur* hyeme *ningat*, non *grandinet*.

SYNTAXE DES IDIOTISMES.

174. DES ADJECTIFS INDICATIFS QU'ON EST FORCÉ DE TOURNER POUR LES RENDRE EN LATIN.

Ce que j'espère, *c'est que* je serai immortel.	*Illud* spero me fore immortalem.

(1) *Lorsqu'il avait soupé, s'il avait soupé, il s'en allait, cùm cœnaverat, abibat.*

EXEMPLES FRANÇAIS.	EXEMPLES LATINS.

175. DES ADJECTIFS INDÉFINIS, *L'UN, L'AUTRE*.

Les uns travaillent pour la gloire, *les autres* pour l'argent.	*Alii* gloriæ serviunt, *alii* pecuniæ.
Souvent *l'un* dit oui, parce que *l'autre* dit non.	Sæpè *unus* ait quod *alter* negat.
Les uns sont sujets à *une* maladie, *les autres* à *d'autres* maladies.	Procliviores *alii* ad *alios* morbos sunt.

180. DES VERBES A L'INFINITIF QUI PEUVENT SE TOURNER PAR UN PARTICIPE.

Partout *vous voyez* Dieu *se présenter* à vous.	Ubique Deum *vides* tibi *occurrentem*.
Nous donnons aux enfans des maximes *à apprendre*.	Pueris sententias *ediscendas* damus.

182. PARTICIPES FRANÇAIS QUI MANQUENT EN LATIN.

Les parts étant faites, le lion parla ainsi.	*Partibus factis*, sic locutus est leo.
Cicéron étant consul sauva la république.	*Cicero, cùm esset consul*, servavit rempublicam.
Cicéron étant consul, la conjuration de Catilina fût découverte.	*Cicerone consule*, patefacta fuit Catilinæ conjuratio.
Cicéron ayant été consul fut envoyé en exil.	*Cicero, postquàm fuisset* consul, in exilium actus est.
Les Grecs ayant pris Troie, Enée vint en Italie.	*Trojâ à Græcis captâ*, Æneas in Italiam venit.
Darius étant revenu d'Europe en Asie, équipa une flotte de cinq cents vaisseaux.	*Darius*, cùm ex Europâ in Asiam *redisset*, classem quingentarum navium comparavit.

186. DES ADVERBES D'INTERROGATION.

Est-il un plus grand mal que le déshonneur?	*An est* ullum malum pejus turpitudine?
Les poëtes *ne veulent-ils pas* vivre après leur mort?	*Nonne* poetæ post mortem vivere *volunt*?
Y a-t-il un monde *ou* plusieurs?	Unus *ne* mundus *an* plures?

EXEMPLES FRANÇAIS.	EXEMPLES LATINS.

189. DE LA CONJONCTION *QUE* PRÉCÉDÉE DE *QUEL* PRIS DANS UN SENS PARTICULIER ET SUIVIE DU VERBE *ÊTRE*, DE *QUELQUE*, ADJECTIF, DE *QUELQUE*, ADVERBE, ET DE *TOUT*, ADVERBE.

Quel que soit Alexandre, il n'est cependant qu'un homme.	*Quantuscumque sit* Alexander, unus homo est.
De quelque chose que vous ayez besoin, je serai prêt.	*Qualicumque re* indigeas, præstò ero.
Quelques services que vous rendiez à un ingrat, vous ne lui en rendrez jamais assez.	*Quotcumque* apud ingratum *officia* contuleris, nunquàm satis multa contuleris.
Quelque savant que l'on soit, *tout savant que l'on est*, on ignore cependant beaucoup de choses.	*Quantumvis sis doctus*, multa tamen nescis.
Quelque estimable que soit la science, la vertu l'emporte beaucoup.	*Quanticumque sit* æstimanda doctrina, multò præstat virtus.

Nota. Quand de fréquentes explications et de nombreux exercices auront bien familiarisé l'étudiant avec notre méthode, le professeur lui fera trouver, non plus seulement dans le dictionnaire et dans un esprit habitué aux tournures et aux inversions, mais dans les livres qu'il traduira et dans la grammaire de *Lefranc*, que nous voulons qu'il lise et consulte souvent, la solution, si peu pénible pour la mémoire et si fructueuse pour l'entendement, de toutes les difficultés dont nous n'avons pu donner la clef.

ERRATA.

Dans un petit nombre d'exemples, l'*italique* a été employé au lieu du caractère ordinaire, et *vice versâ;* le maître reconnaîtra facilement chaque erreur et la signalera à l'élève.

Page 14, ligne 5, *au lieu de* datif, *lisez* génitif.

Page 19, ligne 24, *au lieu de* complément des verbes non actifs, *lisez* complément immédiat des verbes qui ne sont ni actifs ni passifs.

Page 19, ligne 25, *ajoutez au mot* complément *le mot* immédiat.

Page 24, dernière ligne, *au lieu de* fueram, fuerim, etc., *lisez* fueram, fuero, fuerim, etc.

Page 28, ligne 7, le mot **UNIPERSONNELS** doit être placé, sans ponctuation, au commencement de la ligne suivante et en caractères aussi petits; ainsi *lisez* UNIPERSONNELS *POENITERE*, etc.

www.ingramcontent.com/pod-product-compliance
Ingram Content Group UK Ltd.
Pitfield, Milton Keynes, MK11 3LW, UK
UKHW021024200726
13857UKWH00004B/1578